Los alimentos vienen de las granjas

Miles Taylor

¿Saben de dónde vienen los alimentos que comemos? La mayor parte de los alimentos vienen de las granjas.

leche

mantequilla de cacahuate

pan

manzana

El pan se hace con trigo.

Los granjeros cultivan trigo en las granjas.

5

La mantequilla de cacahuate
se hace con cacahuates.

6

Los granjeros cultivan cacahuates en las granjas.

7

La leche viene de las vacas.

Los granjeros crían vacas en las granjas.

9

Las manzanas vienen de un árbol de manzanas.

Los granjeros cultivan árboles de manzanas en las granjas.

Las granjas son necesarias.

La mayor parte de los alimentos que comemos vienen de las granjas.